Peter Gitzinger · Linus Höke · Roger Schmelzer

DIE WUNDERSAME WELT DER Frauen im Ruhestand

Mit Illustrationen von Charlotte Wagner

LAPPAN

VORWORT

Viele glauben, dass Frauen dazu tendieren, ihre geballte Arbeitskraft nach dem Ende ihres Berufslebens aus reiner Langeweile auf IHREN GATTEN *zu richten. Er wird bekocht, was das Zeug hält, mit immer wieder neuen Hobby-, Reise-, und Einrichtungsideen auf Trab gehalten oder im schlimmsten Fall sogar wieder an seine ehelichen Pflichten erinnert. Mit der Folge, dass der Gatte dem ganzen Stress, der plötzlich über ihn hereinbricht, mitunter nach kurzer Zeit mittels eines Herzinfarkts zu enteilen sucht. Ein Schicksal, das die Frau – laut Ansicht vieler – nun unausweichlich zwingt, ihre Langeweile mittels wiederentdeckter mütterlicher Gefühle zu kompensieren und* IHRE KINDER *mit plötzlichen Zuwendungen in Form von Überraschungsbesuchen, naiver Bauernmalerei oder selbst gestrickten*

wollenen Rollkragenpullovern („früher hast du die aber immer gern angezogen") zu belästigen.
Das alles ist natürlich vollkommener Humbug. Es stimmt: Viele Frauen im Ruhestand tun genau diese Dinge, aber ihr Motiv ist keineswegs Langeweile, sondern Rache. **RACHE** *dafür, dass ihre Männer und Kinder ihnen die besten Jahre ihres Lebens gestohlen haben. Denn statistisch gesehen verbringt die Frau zwischen 30 und 50 neben ihrer beruflichen Tätigkeit durchschnittlich acht Stunden pro Tag damit, für „ihre Liebsten" Essen zuzubereiten, Wäsche zu waschen, die Kinder zur Kita und Schule zu bringen und sich, wenn sie abends völlig geplättet auf dem Sofa daniedersinkt, auch noch die beruflichen Probleme ihres Mannes anzuhören. Da ist der tiefe Wunsch nach Vergeltung nur allzu verständlich.*

Aber es gibt auch andere Wege, den Ruhestand zu **GENIESSEN**.
Dieses Buch soll all den Frauen eine Hilfe sein, die ihre plötzlich verfügbare Freizeit nicht damit verbringen wollen, ihren Mann oder ihre Kinder zu quälen, sondern mit **LESEN**.

INHALT

PSYCHOTEST:

Sind Sie reif für den Ruhestand?

Spätestens, wenn sie die 65 erreicht haben, stellen sich viele Frauen die Frage: „Bin ich schon reif für den Ruhestand?“ Um Ihnen bei der Beantwortung dieser Frage zu helfen, hat ein Team von geschulten Psychologen diesen Fragebogen zusammengestellt.

1. Sie sind erschöpft von der Arbeit zurückgekehrt und haben sich gerade für ein kleines Mittagsschläfchen aufs Sofa gelegt. Kurz darauf werden Sie von Kindergeschrei aus dem Nachbargarten geweckt. Wie reagieren Sie?

A Ich beauftrage einen Handwerker damit, mein Haus mit einer 1,70 Meter dicken Schicht aus Stahlwolle, Glas und Holz nicht nur wärme-, sondern auch schalldicht zu dämmen. Damit spare ich Energie *und* Nerven.

B Ich versuche weiterzuschlafen, indem ich mir folgendes Mantra vorsage: Kinderlärm ist herrlich und bereichert mein Leben. Kinderlärm ist herrlich und bereichert mein Leben. Ohne Kinderlärm wäre mein Leben nur halb so schön …“ Wenn das nicht funktioniert, spiele ich die neue Heino-Hardrock-CD auf voller Lautstärke ab. Das übertönt den Kinderlärm und ist bei Weitem nicht so nervig.

C Ich versuche mit sanfter Pädagogik auf die Kinder einzuwirken. Das heißt, ich reiße das Fenster auf und schreie: „**WENN IHR KLEINEN KRÖTEN NICHT SOFORT STILL SEID, DANN REISS ICH EUCH DEN ARSCH AUF, DASS EIN LKW DRIN WENDEN KANN!!!**“

2. **Wie würden Sie das englische Substantiv „break“ ins Deutsche übersetzen?**

A Schulpause.

B Mittagspause.

C Menopause.

3. **Sie wollen von der U-Bahn-Haltestelle hinauf auf die Straße, aber Rolltreppe und Fahrstuhl sind defekt. Also nehmen Sie die 15-stufige Treppe nach oben. Wie geht es Ihnen danach?**

A Sehr gut. Weil meine Lebenserwartung mit jeder Treppenstufe um zehn Sekunden steigt. Deshalb nehme ich auch jedes Jahr am Treppenlauf im Empire State Building teil und werde nach meinen Berechnungen bereits in 12,6 Jahren unsterblich sein.

B Mäßig. Ich trage trotz meines fortgeschrittenen Alters immer noch High Heels und hautenge Miniröcke. Das bedeutet, dass ich für eine Treppe mit 15 Stufen etwa anderthalb Tage brauche.

C Mir geht's total super. Allerdings erst, nachdem die Typen vom Rettungsdienst mich wiederbelebt und an das Sauerstoffgerät angeschlossen haben. Treppensteigen ist irgendwie nicht mehr so mein Ding.

4. Sie haben zu Ihrem Geburtstag Ihre besten Freundinnen eingeladen. Was bekommen Sie von Ihnen geschenkt?

A Einen hübschen Schaukelstuhl.

B Einen hübschen Rollstuhl.

C Gar nichts. Meine Freundinnen sind nicht erschienen, weil sie sich in meiner Gegenwart immer so alt fühlen.

5. Thema Nervenstärke: Ihr Chef macht Sie bei der Arbeit auf ein Fehlverhalten aufmerksam. Mit 40 hätten Sie darauf völlig gelassen reagiert. Wie reagieren Sie heute?

A Ich reagiere immer noch völlig gelassen. Für alles andere bin ich zu kraftlos.

B Ich schreie meinen Chef zusammen, er sei ein chauvinistisches Macho-Schwein, weil er seine männlichen Angestellten niemals auf einen solchen Fehler aufmerksam gemacht hätte. Ich lasse mich dabei auch nicht durch die Tatsache beirren, dass es sich bei meinem „Fehlverhalten“ um ein zu weit ausgeschnittenes Dekolleté handelt.

C Ich frage meinen Chef nach der Zeit. Als er auf seine Uhr schaut, stoße ich ihm mit voller Wucht mein Knie zwischen die Beine und gebe ihm mit einem satten Handkantenschlag ins Genick den Rest. Jetzt wird er sich gut überlegen, mich jemals wieder wegen einer solchen Lappalie zu belästigen.

AUSWERTUNG

Buchstabe A zählt einen Punkt, Buchstabe B zwei und C zählt drei Punkte. Addieren Sie jetzt Ihre Punkte, und entnehmen Sie das Testergebnis bitte untenstehender Tabelle.

5 bis 7 Punkte:

Sie sind definitiv noch nicht reif für den Ruhestand. Allerdings auch für nichts anderes.

8 bis 11 Punkte:

Ihr Nervenkostüm ist nicht mehr das beste, aber Sie halten noch locker die restlichen 7 Jahre durch. Oder 10. Oder 12.

12 bis 15 Punkte:

Sie sind megareif für den Ruhestand. Ihre Kondition ist im Sack, und Nerven haben Sie auch keine mehr übrig. Gegen Sie wirkt Louis de Funès wie ein in sich gekehrter Zen-Buddhist! Tun Sie sich und Ihrer Umgebung einen Gefallen, und gehen Sie in den vorzeitigen Ruhestand.

Kleine Geschichte des weiblichen Ruhestands

Die erste Frau, die in der Geschichtsschreibung mit dem Begriff Ruhestand in Verbindung gebracht wird, ist ohne Zweifel Eva. (Die aus dem Paradies, nicht Eva Herman. Obwohl Letztere sicher durch einen ähnlich spektakulären Eintritt in den Ruhestand von sich reden machte wie einst ihre Namensvetterin.)

Da man zu Zeiten Evas noch nicht so richtig wusste, wie eigentlich Beruf, Ruhestand oder Rentenkassen auszusehen hatten, glich ihr Berufsleben dem eines It-Girls: Nix tun, knapp bekleidet rumliegen, Small Talk mit dem Mann wechselten sich ab mit knapp bekleidet rumliegen, Small Talk mit dem Mann und nix tun. Kurz: Der Arbeitsalltag im Paradies war das reinste Paradies. Blöd für Eva war nur, dass sie wegen eines laut Arbeitsvertrag nicht gestatteten Verzehrs von Obst während der Arbeitszeit kurzerhand von ihrem Chef in den vorzeitigen Ruhestand befördert wurde. Und der wiederum glich eher dem Berufsleben einer Schlecker-Mitarbeiterin: Malochen, Stress, keine Kohle, Überstunden, ständig schaut einem der Chef auf die Finger, etc. Verschärfend hinzu kam für Eva, dass

Begriffe wie Tariflohn, Pausenregelung oder Vergütung von Überstunden in der Zeit kurz nach dem Paradies ebenso unbekannt waren wie später bei Schlecker.

In der Folgezeit kamen Frauen eher selten in den Genuss des Ruhestands. Grund: Sie wurden einfach nicht alt genug. Ob durch Ehezwistigkeiten (Anne Boleyn), politische Diskrepanzen (Marie Antoinette) oder Erbstreitereien (Mary Stuart) – um sich mit dem Thema Ruhestand Erfolg versprechend auseinanderzusetzen, hatten viele Frauen einfach nicht den Kopf.

Auch der Anstieg des weiblichen Durchschnittsalters änderte kaum etwas an dieser Situation. Die Frau wurde jetzt zwar alt genug, um mit 60 jegliche Tätigkeit einzustellen und auf Kosten des Gatten ihren Lebensabend in Biarritz zu verbringen, doch in der Regel schob dieser dem einen Riegel vor. Klar. Irgendjemand musste ja für ihn kochen und seine Socken waschen. So bestand die einzige Chance auf einen Ruhestand oft im vorzeitigen Ableben des Gatten verbunden mit einem soliden Erbe. Dies wiederum sorgte für eine signifikante

Senkung des männlichen Durchschnittsalters verbunden mit einem gleichzeitig rasant wachsenden Absatz von Arsen. (Damals bekannt als Erbschaftspulver.)

Erst 1891 änderte sich die Situation mit Einführung der gesetzlichen Rentenversicherung, die ja bekanntlich auf der Solidargemeinschaft beruht: Viele zahlen ein, einige wenige kassieren. (Heute verhält es sich übrigens umgekehrt: Einige zahlen ein und viele kassieren weniger.) Erna Spielmann aus H. ging als erste Frau in die Geschichte ein, die Rente bezog. Am 2. August 1898 erhielt sie ihre erste Monatszahlung in Höhe von 7 Mark 34 und investierte die komplette Summe in einen Zentner Pflaumen. Drei Stunden später verstarb Spielmann an plötzlich auftretenden starken Blähungen und ging somit gleichzeitig auch als Frau mit dem kürzesten Ruhestand in die Geschichte ein. Hut ab!

DIE GRÖSSTE Horrorvorstellung FÜR DIE FRISCH GEBACKENE RENTNERIN

– Eine Chronologie –

Tag 1

Am Tag nach Ihrer Pensionierung stehen Ihre Kinder vor der Tür und versprechen, sich in der nächsten Zeit intensiv um Sie zu kümmern. Ihre zögerliche Haltung diesem Angebot gegenüber wird von Ihren Kindern als erstes Anzeichen einer beginnenden Altersdepression infolge einer ruhestandsbedingten Sinnkrise fehlinterpretiert und veranlasst sie, noch am selben Tag telefonisch Rat bei weiteren Verwandten zu suchen.

Tag 2

Ihre besorgten Geschwister stehen vor der Tür, um sich ab sofort ebenfalls intensiv um Sie zu kümmern. Mit viel gutem Zureden versuchen Sie, Ihre Geschwister und Ihre Kinder davon abzubringen, auch noch Ihre hochbetagten Eltern ins Geschehen mit einzubeziehen.

Tag 3

Vergeblich. Ihre Eltern reisen an, damit Sie in Ihrer schweren Zeit nicht alleine dastehen. In Zukunft wollen sie sich intensiv um Sie kümmern.

Tag 4

Genährt durch die permanente Anwesenheit Ihrer besorgten Eltern, Geschwister und Kinder wächst nun auch in Ihrem Mann langsam die Sorge, dass mit Ihnen etwas nicht stimmen könnte. Er will der Sache auf den Grund gehen und beginnt, sich intensiv um Sie zu kümmern.

Tag 4, EINIGE MINUTEN SPÄTER

Ihr Mann ist überfordert und bittet Ihre Freundinnen um Hilfe. Selbstverständlich erklärt sich Ihr gesamter Freundeskreis augenblicklich bereit, sich intensiv um Sie zu kümmern.

Tag 5

Um den Zuwendungen Ihrer besorgten Umwelt wenigstens stundenweise zu entgehen, bitten Sie Ihren Ex-Arbeitgeber, Sie wieder einzustellen. Ihre Ex-Kolleginnen sehen in diesem Ansinnen Ihren verzweifelten Versuch, der Sinnleere zu entfliehen und versprechen, sich in Zukunft intensiv um Sie zu kümmern. Einige nehmen dazu sogar unbezahlten Urlaub.

Tag 6 Die Verpflegung der ständig anwesenden und um Sie besorgten Gäste stellt Sie langsam vor logistische Probleme. Dies und der Lärmpegel in Ihrer Wohnung führen zu einem Nervenzusammenbruch, in dessen Folge Ihre Verwandtschaft einen Nervenarzt hinzuzieht, der sich intensiv um Sie kümmert.

Tag 7 Eine Medikamentenunverträglichkeit gegen den vom Nervenarzt verordneten Tranquilizer befördert Sie umgehend auf die Intensivstation. Endlich haben Sie Ruhe. Hier kümmert sich niemand um Sie.

Der Paradies-Check

Die Rente ist da und damit auch eine Menge zwischenmenschlicher Ärger. Zum Beispiel bei den Reiseplänen: Ihr Mann (Wahlspruch: „Ich will noch nicht mal mit den Fremden zu tun haben, die sich *hier bei uns* rumtreiben. Wieso sollte ich da zu Fremden fahren, die woanders sind – hier sind wir wenigstens in der Überzahl!") schlägt vor, die übliche Routine beizubehalten: Schröcken in Vorarlberg, für zwei Wochen in der Nebensaison. Sie hingegen regen eine geringfügige Abweichung an: Phuket in Thailand, für den Rest Ihres Lebens. Da herrscht dann natürlich Redebedarf. Für Sie ist auf jeden Fall klar: Sie haben sich noch ein paar Jahre im Paradies verdient. Die Frage ist nur: In welchem? Wir haben ein paar der möglichen Auswanderungsziele für deutsche Rentner unter die Lupe genommen.

Vorteil: Die Optik. Und damit ist nicht die schöne Landschaft gemeint, die ist durch Appartementblocks und Trailerparks zugebaut. Nein, das Rentnerparadies Florida hat ganz andere Schönheiten zu bieten – es ist nämlich die natürliche Heimat des Botox und etwa eines Drittels der weltweiten Schönheitschirurgen-Population.* Das bedeutet: Die gut gebauten gestrafften Männerkörper, die an ihnen vorbeiflanieren, gehören … ebenfalls Ruheständlern. Sollten Sie Ihren Mann zu Hause „vergessen" haben, Glückwunsch: Bedienen Sie sich!

Nachteil: Auch die gut gebauten, gestrafften jungen Frauen, die am Strand ihre Reize schamlos zur Schau stellen, sind in Wirklichkeit Altersgenossinnen. Das setzt Sie natürlich unter Zugzwang. Entweder Sie setzen ganz auf Ihren Charme oder Sie gehen auf Nummer sicher und stellen sich auf die tägliche Morgenroutine der Florida-Rentnerinnen ein:

8 Uhr: Frühstücken. 8 Uhr 15: Yoga. 8 Uhr 35: Schönheits-Operation. 9 Uhr 15: Thai Chi.

Fazit: Florida bietet viele Möglichkeiten, aber man muss sich schon den Sitten der Einheimischen anpassen. Falls Sie dazu bereit sind, machen Sie sich auf

---

* Die anderen zwei Drittel teilen sich gleichmäßig auf zwischen Los Angeles und München-Bogenhausen.

zur nächstgelegenen Schönheitsklinik (was die Sache erleichtert: Es gibt keinen Punkt in Florida, der mehr als fünf Minuten Fußweg von einer solchen Institution entfernt liegt).

Einen weiteren Nachteil werden Sie dann erst spüren, wenn es zum Sex kommt – und zwar dadurch, dass Sie *nichts* spüren: All die kosmetische und chirurgische Optimierung bei Ihrem Partner kann natürlich nur die äußere Hülle verbessern, nicht aber die Leistungsfähigkeit. Ein neunzigjähriger Greis bleibt ein neunzigjähriger Greis.

DIE SCHWEIZ

Vorteil: Das Tempo. Bei Ihrem letzten Urlaub dort vor zwanzig Jahren haben die rammdösigen Schweizer Sie noch in den Wahnsinn getrieben. Jetzt aber werden Sie es lieben – denn selbst als 105-jährige arthritische Greisin werden Sie sich hier noch als eine Art Speedy Gonzalez fühlen können.

Nachteil: Hallo, Frau Quandt und Frau Springer, schön dass Sie unser Buch gekauft haben und darin herumblättern – Sie sind nämlich die einzigen Rentnerinnen in Deutschland, die ernsthaft erwägen könnten, einen Umzug in die Schweiz ins Auge zu fassen. Die Lebenshaltungskosten bei unseren Nachbarn sind enorm – in Genf zum Beispiel hat sich vor einiger Zeit eine Unternehmerfamilie durch die Anschaffung eines Frühstückseis ruiniert.

Natürlich könnten Sie einen Kompromiss schließen: Sie ziehen in die Nähe der Schweizer Grenze und bleiben dann jeden Monat so lange in der Schweiz wie Ihre Rente reicht – also von Mitternacht des Monatsersten bis halb drei Uhr morgens.

Fazit: Sonnenuntergänge in den Alpen, dazu eine Weltklasse-Gebirgsluft, die Schweiz ist toll. Um diesen Traum wahrzumachen, müssen Sie allerdings einen gewissen Einsatz zeigen: Lassen Sie sich von Ihrem Mann scheiden, besorgen Sie sich eine Liste der zehn reichsten Junggesellen Deutschlands und heiraten einen von diesen.

Vorteil: Natürlich, Afrika hält für Sie die eine oder andere Unerfreulichkeit bereit: die Tsetse-Fliege, Malaria, Aids, die mörderische Hitze – und etwa die Hälfte der Tiere, auf die Sie treffen, hegt ein gesteigertes Interesse daran, Sie zu verspeisen.

Aber dafür bietet der Kontinent einen Vorteil, der diese Makel mehr als wettmacht, nämlich ein paar der letzten matriarchalischen Kulturen der Welt, z. B. im Yoruba-Gebiet in Nigeria.

Haben Sie Mut: Hier im Kral wartet ein einfaches (und vermutlich nicht allzu langes) Leben auf Sie – aber eines, in dem Sie endlich den Respekt erhalten, den Sie sich verdient haben.

Nachteil: Sollte Ihr Gatte mitgekommen sein, den Sie clever unter Ausnutzung seiner geographischen Wissenslücken ausgetrickst haben („Yoruba? Das liegt

irgendwo im Süden, Schatz – genau wie Vorarlberg"), könnte es zu unerfreulichen Diskussionen kommen. Aber keine Angst: Sollte die Situation in Ihrer Partnerschaft zu angespannt werden, bietet der afrikanische Kontinent eine Fülle von Möglichkeiten (siehe: voriger Absatz), diese Probleme ein für alle Mal zu beenden. Ihre neuen Schwestern werden Sie dabei sicherlich gern beratend unterstützen.
Fazit: Gangbare Alternative für finanziell weniger gut ausgestattete Trendsetterinnen. Das Matriarchat kommt sowieso – auf diese Weise werden Sie es nicht verpassen.

SPANIEN

Vorteil: Die Spanier sind familienfreundlich. Sie lieben und respektieren ältere Menschen.
Nachteil: Die Spanier sind familienfreundlich. Sie lieben und respektieren Kinder.

Das hört sich erst mal nicht so schlimm an – schließlich lieben auch Sie Kinder. Aber wenn Sie nachts um elf völlig entnervt aus einer Tapas-Bar flüchten, in der ein halbes Dutzend Blagen eine Stunde lang laut brüllend um Ihren Tisch herumgelaufen ist, mit Ihrem Weinglas, Ihrem Essen und Ihrer Würde als Kollateralschaden, begleitet vom nachsichtigen Lächeln der Eltern und der Kellner, dann wissen Sie: Hier handelt es sich nicht um Kinderliebe, sondern um eine Art

Massenhypnose. Im Prinzip ist der Aufenthalt in Spanien wie einer dieser supernervigen neuartigen Kindergeburtstage, die Ihre Schwiegertochter immer organisiert. Nur dass statt 10 Kindern ein paar Millionen zu Besuch sind. Und das Drama endet nicht abends um neun, sondern ... NIE!

Spanien ist auf den ersten Blick ein Traumland, das seine Schwachpunkte erst nach und nach preisgibt. Diese Schwachpunkte sind die Spanier an sich, genauer gesagt: Der Lärm, den sie machen.

Bisher sahen Sie das Sinnbild für den Iberer im Torero: Würdig, ernsthaft, ohne einen Muskel zu rühren oder eine Miene zu verziehen, verharrt er seelenruhig vor dem Stier. Aber im Ernst: Das tut er nicht, weil es ihm liegt. Auch nicht, weil ihm gerade danach ist. Er tut es, damit der Stier ihn nicht bemerkt! Und damit er ihn nicht aufspießt! Wenn er könnte, wie er wollte, würde der Torero ekstatisch sein Käppi schwenkend und wild grimassierend vor dem verblüfften Tier herumhüpfen und ihm ein schallendes „Ayayayayyyyyyyy“ ins Ohr grölen, worauf der Stier nicht durch unzählige Wunden verbluten, sondern an einem Tinnitus verenden würde.
Fazit: Spanien ist schön, aber mit Vorsicht zu genießen. Wenn es sich bei Ihnen jedoch um eine ADHS-Dauerpatientin handelt, die schon zum Frühstück eine Familienpackung Ritalin futtert, wenn Sie mindestens einmal wöchentlich ein Heavy-Metal-Konzert besuchen und sich dann beim Veranstalter beschweren, dass die Boxen skandalös leise aufgedreht sind, dann schlagen Sie zu: Sie werden sich in Spanien wie zu Hause fühlen.

SÄTZE, DIE SIE (leider) NIE HÖREN WERDEN ...

... VON IHRER TOCHTER

„Ich freu mich immer über Ratschläge von dir, Mutti. Du hast drei Kinder großgezogen, da ist es doch ganz klar, dass du mir mehr über Kindererziehung sagen kannst als die Ratgeberbücher, die ich sonst lese."

... VON IHREM HAUSARZT

„Die leichte Magenverstimmung, mit der Sie sich seit ein paar Tagen herumplagen? Die erfordert keine gründlichen Untersuchungen. Ich werde Sie daher nicht zum Röntgen schicken und auch nicht zum Ultraschall und weder eine Laboruntersuchung noch eine Computer-Tomographie noch eine Kernspinuntersuchung dafür anordnen. Stattdessen werde ich noch weiter mit Ihnen reden, um herauszufinden, wo die Ursachen liegen."

... VON IHRER RENTENKASSE

„Sehr geehrte Frau XXX, wir bedauern, Ihnen mitteilen zu müssen, dass wir uns jahrzehntelang verrechnet haben. Eine Überprüfung ergab nun, dass Ihre Rente in Wirklichkeit doppelt so hoch ausfällt wie angekündigt ..."

WIE VERHÄLT MAN SICH KORREKT AN DER Supermarktkasse?

Sie sind gerade in Ihren wohlverdienten Ruhestand getreten, doch kein Mensch glaubt Ihnen, weil Sie sich immer noch so verhalten, wie man es von einer durchschnittlichen deutschen Rentnerin niemals erwarten würde: nämlich freundlich und zuvorkommend. Das muss nicht so bleiben! Beherzigen Sie einfach folgende Verhaltensregeln, und machen Sie so Ihrer Umwelt ein für alle mal klar, mit wem sie es zu tun hat.

! Drängeln Sie sich vor, wann immer es geht. Sollten Sie auf Widerstand stoßen, bedienen Sie sich der beliebten Zermürbungstaktik *Einkaufswagen in die Ferse des Vordermannes rammen.* Sollte man Sie auf Ihr Verhalten ansprechen, argumentieren Sie mit Ihrem schlechten Augenlicht und Ihrem Tatterich.

! Lassen Sie niemals irgendjemand anderem den Vortritt! Auch wenn Sie einen randvoll gefüllten Einkaufswagen vor sich stehen haben und hinter Ihnen ein Student mit nur einer Tüte Chips die Nerven verliert, weil er Angst hat, den Anfang seiner Lieblingsfernsehserie zu verpassen. Bestehen Sie unbedingt darauf, dass Sie zuerst da waren. Das ist Ihr gutes Recht.

! Nachdem Sie Ihre 137 Artikel auf das Band gelegt haben, macht es sich sehr gut, wenn Ihnen plötzlich einfällt, dass Sie unbedingt noch 28 Gramm Roquefort an der (überfüllten) Käsetheke holen müssen. Gehen Sie dann langsam zur Käsetheke. Kehren Sie nach fünf Minuten an die Kasse zurück, und fragen Sie die Kassiererin, ob sie sich noch daran erinnert, welchen Käse Sie eigentlich holen wollten.

! Bezahlen Sie grundsätzlich nur mit Kleingeld. Egal, wie hoch die Summe ist, Münzen oberhalb eines Wertes von 10 Cent sind absolut tabu!

! Kurz vor dem Bezahlen verlieren Sie Ihr gesamtes Kleingeld und verteilen es großflächig auf dem Boden des Kassenbereichs. Bitten Sie anschließend den Studenten mit der Tüte Chips, Ihnen beim Aufsammeln behilflich zu sein. Weigert er sich, beschimpfen Sie ihn und beschweren sich lautstark über die schlechten Manieren der Jugend von heute.

! Nach dem Bezahlen sollten Sie jeden Artikel sorgfältig mehrmals einer Sichtkontrolle unterziehen, bevor Sie ihn langsam in die Tüte packen.

! Fragen Sie jetzt die Kassiererin, ob es möglich ist, den Joghurt mit Vanille-Himbeer-Erdbeer-Geschmack umzutauschen gegen einen Joghurt mit Vanille-Himbeer-Brombeer-Geschmack. Falls die Kassiererin diesem nachvollziehbaren Wunsch nicht sofort nachkommt, lassen Sie den Abteilungsleiter kommen.

Erfüllt dieser Ihren Wunsch nach einem Umtausch der Milchspeise, bestehen Sie darauf, dass der neue Joghurt zumindest dasselbe, besser ein späteres Mindesthaltbarkeitsdatum aufweist, als Ihre ursprüngliche Wahl. Ist dies nicht möglich, lassen Sie den Filialleiter kommen.

Wenn Sie zufrieden sind und alles eingepackt haben, lassen Sie sich von der Kassiererin noch einmal genauestens die auf dem Kassenbon ausgewiesenen Artikel erklären. Packen Sie dabei Ihre Tüten zur Kontrolle wieder aus.

Tätigen Sie Ihren Einkauf grundsätzlich (!) nur zu Stoßzeiten wie samstags morgens, kurz nach Büroschluss oder vor Brückentagen.

WAS ES WIRKLICH HEISST, WENN MAN ZU IHNEN SAGT …

Die Welt ist voller Plattitüden, die auf den ersten Blick sehr ähnlich klingen, aber trotzdem völlig unterschiedlichen Subtext transportieren können – je nachdem, aus wessen Mund die gedroschene Phrase sich auf den Weg zu Ihrem geschmeichelten Ohr macht.

… Sie sehen bezaubernd aus.

(ausgesprochen von einer Frau)

Ich möchte wissen, wie viel Kohle die jeden Tag in ihre Kosmetika steckt.

… Sie sehen bezaubernd aus.

(ausgesprochen von einem Mann)

Bei der Kohle, die die jeden Tag in ihre Kosmetika steckt, ist das bestimmt 'ne gute Partie. Könnte sich lohnen, die anzubaggern.

… Sie sehen bezaubernd aus.

(ausgesprochen von Ihrem Kosmetiker)

Wie macht die das nur? An meiner Kosmetik kann es nicht liegen.

... Sie sehen ausgesprochen jugendlich aus.

(ausgesprochen von einer Frau)

Wie peinlich ist das denn?! Kann die Alte sich keine Klamotten anziehen, die ihrem Alter angemessen sind?

... Sie sehen ausgesprochen jugendlich aus.

(ausgesprochen von einem Mann)

Bei der Kohle, die die jeden Tag im Fitness-Center lässt, ist das bestimmt 'ne gute Partie. Könnte sich lohnen, die anzubaggern.

... Sie sehen ausgesprochen jugendlich aus.
(ausgesprochen von Ihrem Fitness-Trainer)

Wie macht die das nur? An meinem Training kann es nicht liegen.

... Man sieht Ihnen Ihr Alter überhaupt nicht an.
(ausgesprochen von einer Frau)

Ich hätte Sie für wesentlich älter gehalten.

... Man sieht Ihnen Ihr Alter überhaupt nicht an.
(ausgesprochen von einem Mann)

Die hat bestimmt schon erwachsene Kinder. Vielleicht komm ich über die Alte ja an ihre Tochter ran. Könnte sich lohnen, die anzubaggern.

... Man sieht dir dein Alter überhaupt nicht an.
(ausgesprochen von Ihrem Mann)

Wie macht die das nur? Am Sex mit mir kann es nicht liegen.

Welches Ehrenamt passt zu mir?

Seit ein paar Monaten sind Sie jetzt im Ruhestand. Am Anfang war's auch ganz schön, keine lästigen Bürostunden hielten Sie davon ab, sich zum Kaffeeklatsch mit den Freundinnen zu treffen oder nach St. Petersburg zu reisen. Doch dann begann es, an Ihnen zu nagen: Das kann nicht alles gewesen sein – Sie haben noch etwas vor im Leben! Aber was? Wir haben die Lösung für Sie: Ehrenamtliche Arbeit.

Nutzen Sie die Zeit, die Sie durch Beendigung Ihres Arbeitslebens für sich gewonnen haben, indem Sie … arbeiten. Und zwar ehrenamtlich. Wir sagen Ihnen, welches Ehrenamt am besten zu Ihnen passt.

MITARBEIT IN DER KIRCHENGEMEINDE

Der ideale Tätigkeitsbereich für die karrierebewusste Seniorin. Nur ganz zu Beginn werden Sie sich die Finger schmutzig machen müssen: Kuchenbacken fürs Pfarrfest, Essen und Kleidung an die Armen verteilen

und ähnliche Tätigkeiten, die unter Ihrer Würde sind. Aber bei dem Tempo, in dem die Kirchen ihre Mitglieder verlieren, werden Sie schon bald aus dem Fußvolk ausscheren können. Mangels Konkurrenz beherrschen Sie in zwei Jahren den örtlichen Pfarrgemeinderat oder das Presbyterium, von hier werden Sie den Diözesanrat oder die Landeskirchen erobern, und noch vor Ihrem siebzigsten Geburtstag wird man Sie zur Ratsvorsitzenden der EKD oder zur Präsidentin des Zentralkomitees der deutschen Katholiken wählen.

Wenn Sie an letzterem Punkt angelangt sind, müssen Sie sich fragen, ob Sie über genügend Ellbogen, Verschlagenheit und Skrupellosigkeit verfügen. Lautet die Antwort „Ja“, dann frisch ans Werk: Es ist Zeit für die erste Päpstin der Kirchengeschichte.

Sollten Sie evangelisch sein, müssen Sie nicht verzagen: Bei dem immer akuteren Priestermangel könnten

Sie das Kunststück fertigbringen, die erste evangelische weibliche Päpstin der katholischen Kirche zu werden. Nicht schlecht für eine Zweitkarriere.

FAMILIENARBEIT ALS „LEIH-OMA“

Ist Ihre leibliche Enkelin eine verwöhnte, verzogene, undankbare, kleine Nervensäge? Dann ist dies der richtige Job für Sie. Werden Sie Omi auf Zeit für ein unterprivilegiertes Kind. Genießen Sie die Dankbarkeit Ihrer neuen Zweitfamilie, aber noch wichtiger: Nutzen Sie die Möglichkeit, die Kinder gegeneinander auszuspielen. Lassen Sie keine Gelegenheit aus, Ihrem leiblichen Enkelkind zu erläutern, wie froh Sie mit Ihrem neuen Familienzuwachs sind und wie dankbar und hilfsbereit das sozial benachteiligte kleine Ding ist.

Bald werden Sie die ersten Zeichen von Eifersucht beobachten – dann ist es an der Zeit, die Schrauben anzuziehen. Schenken Sie dem verwöhnten Balg zu Weihnachten einen Beutel Klarsichthüllen, oder einen Radiergummi, mit dem bedauernden Hinweis: „Nach dem iPhone, das ich gestern meinem Engelchen geschenkt hab, war einfach nicht mehr drin – sie hat ja sonst nichts.“ So machen Sie der kleinen Teufelin klar, dass sie sich ab jetzt anstrengen muss, um sich Ihre

Aufmerksamkeit und Zuwendung zu sichern. Wenn Sie es geschickt anstellen, müssen Sie sich auf viele Jahre hinaus keine Sorgen mehr machen, wo Sie eine Haushaltshilfe und im höheren Alter dann eine Pflegekraft herbekommen.

Als vorbereitende Lektüre für diese Tätigkeit empfiehlt sich *Il Principe* von Niccolo Machiavelli, das Standardwerk für den gewieften Intriganten.

TÄTIGKEIT ALS SENIORENBETREUERIN

Leiden Sie unter einem unterentwickelten Selbstvertrauen, vor allem, seit Sie offiziell eine Seniorin, also *alt*, sind? Dann sind Sie in diesem Job richtig. Bewerben Sie sich in einem Altersheim Ihrer Wahl. Führen Sie einen Hundertjährigen spazieren und lauschen Sie seinen Geschichten aus dem Dreißigjährigen Krieg. Schnell werden Sie sich klarmachen, dass dieser Mann bereits seine Midlife-Crisis durchlebte, als Sie gerade mal eine frisch befruchtete Eizelle waren. Durch diese Erfahrungen werden Sie sich jung und munter fühlen. Falls das noch nicht reicht, organisieren Sie eine Senioren-Olympiade auf der Pflegestation, und nehmen Sie selbst teil. Spätestens nach Ihrem triumphalen Sieg im 100-m-Lauf mit fünfzehn Minuten Vorsprung vor der Zweitplazierten wird Ihr Selbstvertrauen durch die Decke gehen, Sie junger Hüpfer, Sie.

TÄTIGKEIT ALS JUGENDSCHÖFFIN

Diese Tätigkeit ist wie geschaffen für vorausschauende Naturen, die Probleme lieber bereits an der Wurzel beheben, bevor sie überhaupt entstehen.

Sie sehen es bereits klar vor sich, wie in ein paar Jahren halbwüchsige Rowdies Sie beklauen, ausrauben und sich dann auch noch über Sie lustig machen? Falls dies der Fall ist, dann nichts wie auf zu einem Amtsgericht Ihrer Wahl. Lassen Sie sich als Jugendschöffin vorschlagen und wählen. Und dann zeigen Sie der verweichlichten deutschen Justiz, was eine Harke ist – und was *Sie* unter „Zero Tolerance" verstehen. Reißen Sie die Verhandlungsführung an sich, schüchtern Sie Ihre Schöffenkollegen und die Verteidiger ein, und dann werden Mehmet, Boris und Justin nicht *Sie* beklauen, sondern ihre Zellennachbarn. Falls Ihr Tatendrang damit noch immer nicht erloschen ist, gibt es eine weitere Möglichkeit: *noch mehr* ehrenamtliche Arbeit. Als soziale Betreuerin im Jugendknast stehen Ihnen zahllose Wege offen, den Insassen das Leben zur Hölle zu machen. Gestalten Sie einen Bibelabend oder ein Rollenspiel über Kindheitstraumata. Genießen Sie die verzweifelten Blicke Ihrer neuen „Schützlinge", wenn sie im Chor *Kleines Senfkorn Hoffnung* singen und danach ihre peinlichsten Kindheitserlebnisse mit den anderen Insassen teilen müssen. Diese Delinquenten werden in Zukunft selbst vor der tatterigsten Greisin erzittern – nur weil sie sich an *Sie* erinnern.

Die kleine Heimwerkerschule

Bis zu Ihrer Pensionierung waren Sie es gewohnt, dass Ihr Mann kleinere Schönheitsreparaturen im Haushalt ausführte. Jetzt, mit Erreichen des Rentenalters, haben Sie endlich Zeit, Ihr handwerkliches Geschick ebenfalls unter Beweis zu stellen. Doch viele Ihrer Genossinnen fühlen sich damit überfordert. Unsere kleine Heimwerkerschule nimmt Ihnen die Angst vor dem Werkzeugkasten und bringt Befriedigung und Freude in Ihren Alltag.

BILD AUFHÄNGEN

Nehmen Sie das Bild in die Hand und halten es ungefähr an die Stelle, die Sie für das Bild vorgesehen haben. Wenn Sie etwas mehr Abstand benötigen, um beurteilen zu können, ob es auch wirklich exakt an der richtigen Stelle zu hängen kommt, rufen Sie Ihren Mann und bitten ihn, kurz einmal das Bild zu halten. Lassen Sie sich jetzt ruhig Zeit. Der richtige Platz will wohlüberlegt sein. Denken Sie immer daran: Ein paar Zentimeter können entscheidend sein. (Das kennen Sie vom Sex.) Auch unterschiedliche Beleuchtungsverhältnisse haben wesentlichen Einfluss auf die Wahl der optimalen Platzierung des Kunstwerkes. Morgensonne, Mittagssonne, Abendsonne, Frühlingssonne, Wintersonne, in jedem Licht wirkt das Bild anders. Erst, wenn Sie *wirklich* sicher sind, kann Ihr Mann das Bild wieder ablegen. Falls Sie im Eifer des Gefechtes vergessen haben sollten, eine Markierung an der Wand anzubringen, wiederholen Sie einfach das Procedere. Ihr Mann hat ja Zeit, und was gibt es Schöneres, als gemeinsam entspannt das traute Heim zu verschönern?

Um das Bild endgültig an der richtigen Stelle zu fixieren, bedarf es einer wichtigen Zutat: dem *Bild-an-der-Wand-Festhalter.* Der Bild-an-der-Wand-Festhalter übernimmt sozusagen dauerhaft die Rolle Ihres Mannes, die er eingenommen hat, während Sie den richtigen Platz für Ihr Kunstwerk suchten. Der versierte Heimwerker unterscheidet hier zwischen *Nagel, Haken* und der Kombination *Dübel* und *Schraube.* Der Nagel ist ein angespitztes Stück Stahl, der Haken sieht aus wie ein Nagel, den man krummgehauen hat (fragen Sie Ihren Mann!), und die Kombination Dübel und Schraube werden wir gesondert im Kapitel für Fortgeschrittene behandeln. Wir beschränken uns erst einmal auf den Nagel. Um ein Bild mithilfe eines Nagels an der Wand zu befestigen, ist es unabdingbar, dass zunächst der Nagel selbst an der Wand befestigt wird. Anfängerinnen bemühen dazu gerne eine Tube Uhu. Das ist natürlich dilettantisch. Besser wäre Pattex Kompakt. Wirklich korrekt jedoch wird ein Nagel mithilfe eines

Hammers in die Wand getrieben. (Falls Sie in der Lage sein sollten, den Nagel mit der bloßen Hand in die Wand zu drücken, sollten Sie entweder über eine Karriere als Superwoman nachdenken oder einen baldigen Umzug in eine weniger baufällige Wohnung in Erwägung ziehen.) Einen Hammer findet man in der Regel im heimischen *Werkzeugkasten*. Der Werkzeugkasten ist das Ding, in dem Ihr Mann seine Pornos versteckt. Nehmen Sie nun den Nagel in die linke Hand, das spitze Ende (!) zur Wand zeigend. Dann nehmen Sie den Hammer in die rechte Hand. (Am hölzernen Ende anfassen!) Jetzt kommt es auf Zielgenauigkeit an. Hauen Sie den Hammer mit aller Kraft auf den Nagel zwischen Ihren Fingern. Falls Sie diese Zeile jetzt nur noch verschwommen wahrnehmen, haben Sie zwar schon ganz gut getroffen, aber leider nicht den Nagel. Es empfiehlt sich, diesen etwas heiklen Vorgang gegebenenfalls vorher zu üben. Bitten Sie dazu Ihren Mann, den Nagel zu halten. Doch Vorsicht! Sie haben nur zwei Versuche! Seine rechte und seine linke Hand. Treiben Sie nun mit ein paar beherzten Schlägen den Nagel in die Wand, bis er von alleine hält. Voilà! Der wichtigste Schritt ist getan! Hängen Sie nun einfach Ihr Bild an den Nagel.

Mag es partout nicht halten, haben Sie wahrscheinlich den Nagel komplett im Putz versenkt. Bitten Sie dann Ihren Mann, den Nagel wieder herauszupopeln, das dabei entstehende Loch wieder zu verputzen und gegebenenfalls das Zimmer zu streichen. Das kriegt Ihr Mann zwar niemals hin, er wird sich aber geschmeichelt fühlen. Lassen Sie sich nicht entmutigen! Auch Rom wurde nicht an einem Tag zusammengenagelt. Schaut der Nagel nach dem Hämmern noch etwas aus der Wand, haben Sie es geschafft! Hängen Sie einfach Ihr Bild auf und genießen zusammen mit Ihrem Mann das schöne und vor allem selbst geschaffene neue Ambiente.

BILD AUFHÄNGEN MIT DÜBEL UND SCHRAUBE

(FÜR FORTGESCHRITTENE)

Mitunter kann es notwendig sein, auf andere Methoden der Befestigung zurückzugreifen. Ein Schinken der Kategorie *Geburt der Venus* mit dem dazugehörigen Massivholzrahmen wird jeden Nagel zur Kapitulation zwingen. Stattdessen benötigen Sie nun *Dübel, Schraube* und *Bohrmaschine*. Ein Dübel hat ungefähr die Größe eines Tampons (einige erinnern sich vielleicht noch) und sorgt dafür, dass die Schraube später in ihm Halt findet. Also muss der Dübel in die Wand. Da der Dübel aber weich ist, nutzt es nichts,

zu versuchen, ihn mit dem Hammer in die Wand zu treiben. Der Dübel braucht ein Loch. (Tampon!) Und das fertigen wir mithilfe der *Bohrmaschine*. Die Bohrmaschine ist ein technisches Gerät, welches entfernt an Ihr Sexspielzeug erinnert, das Sie vor Ihrem Mann im Nähkasten verstecken. Es vibriert beim Einschalten, und vorne dreht sich was. Mit dem, was sich vorne dreht (der Fachmann sagt *Bohrer*), kann man Löcher in die Wand machen. Dazu gehen Sie wie folgt vor: Bohrmaschine mit spitzem, sich drehenden Ende an die

Stelle setzen, an der später die Schraube das Bild halten soll und einschalten. Sollte die Bohrmaschine plötzlich von selbst den Betrieb einstellen, haben Sie mit hoher Wahrscheinlichkeit eine Stromleitung getroffen. Bitten Sie nun Ihren Mann, die Wand aufzureißen, das Kabel zu flicken, die Stelle neu zu verputzen und das Zimmer zu streichen. Versuchen Sie es danach erneut. Geht die Maschine wieder aus, haben Sie exakt in dieselbe Stelle gebohrt. (Gutes Augenmaß!) Merken Sie sich die Stelle, bevor Ihr Mann das Zimmer zum zweiten Mal streicht, und setzen Sie nun zwei Zentimeter daneben an. Bohren kann anstrengend sein, und von daher ist es nicht verwunderlich, wenn Sie anfangen zu schwitzen. Sollte jedoch eine außergewöhnlich starke Nässe auftreten, haben Sie vermutlich eine Wasserleitung getroffen (siehe Maßnahme „Stromleitung“). Wenn alles gut geht, haben Sie nun ein schönes Loch. Prüfen Sie die Tiefe des Lochs, indem Sie eine Stricknadel hineinstecken. Hören Sie einen Schmerzensschrei aus der Nachbarwohnung, haben Sie zu tief gebohrt. Nehmen Sie nun den Dübel und stecken ihn in das Loch. Drehen Sie mithilfe eines *Schraubenziehers* die Schraube in den Dübel. (Schraubenzieher sind die Dinger, mit denen Sie Ihr Sexpielzeug aufschrauben, um die Batterien zu wechseln.) Läuft alles gut, haben Sie nun einen schönen Schraubenkopf aus der Wand schauen, bereit zur Aufnahme Ihres Bildes. Gratulation! Sie haben es geschafft!

Das Smartphone

Wenn Sie noch keins haben, ist es spätestens jetzt an der Zeit, sich eins anzuschaffen. Denn mit keinem Gerät der Welt lässt sich so leicht sinnlos Zeit verprassen wie mit einem Smartphone. Und dazu brauchen Sie noch nicht mal damit zu telefonieren! Um Ihnen den Einstieg in die Welt der neuen Kommunikationstechnologie zu erleichtern und damit Sie beim Small Talk rund um das Männerlieblingsspielzeug Nummer eins nicht so rückständig dastehen, folgt hier eine kurze Beschreibung der wichtigsten Begriffe, die im Zusammenhang mit einem Smartphone auftreten können.

APP – Programm fürs Smartphone, mit dem man irgendwas machen kann. Was, ist egal. Wichtig ist nur, dass man möglichst viele Apps hat. Nachteil: Apps kosten oft Geld. Vorteil: Die Anzahl der Apps wirkt sich nicht auf das Gewicht Ihres Smartphone aus.

FLATRATE – „All you can eat“ fürs Telefon (siehe auch: TARIFE).

GIGABYTE – In einem Byte lässt sich etwas dauerhaft speichern. Und zwar der Zustand „An" oder „Aus". Damit hat nur *ein* Byte dem Großhirn Ihres Mannes schon einiges voraus, denn wie oft haben Sie von ihm schon Fragen der Art gehört wie: „Hab ich die Espressomaschine jetzt eigentlich ausgemacht, oder ist sie noch an?" Ein Gigabyte nun ist eine unvorstellbar große Menge Bytes. So viele Bytes, dass Ihr Mann – um beim Bild der Espressomaschine zu bleiben – ein Olympiastadion randvoll mit Espressomaschinen füllen könnte und sich bei keiner einzigen merken müsste, ob sie nun an oder aus ist. Genial, oder?

MEGAPIXEL – Auch wenn es lächerlich klingt, Megapixel hat tatsächlich mit Akne oder unreiner Haut zu tun. Denn je mehr Megapixel die Kamera in Ihrem Smartphone aufweist, desto mehr Hautunreinheiten sehen Sie später auf damit geschossenen Portraits. Also Obacht!

TARIFE – Hinter den Tarifen verstecken sich die Kosten für den Betrieb eines Smartphones. Tarife kommen überwiegend als Ansammlung englischer Begriffe daher, die gute Laune vermitteln sollen (zum Beispiel *Happy*

Weekend). Oft in Kombination mit Kleidergrößenangaben *(Happy Weekend XXS).* WARNUNG! Versuchen Sie niemals, die Tarife zu entschlüsseln, um so die tatsächlichen Betriebskosten transparent zu machen! Dies ist vom Mobilfunkanbieter unerwünscht und kann bei Zuwiderhandlung schwere Kopfschmerzen verursachen.

TOUCHSCREEN – Diese verfluchte Glasfläche, auf der Sie herumtippen, um Ihr Smartphone zu bedienen und auf der man jeden Fingerabdruck sieht. Der Touchscreen *muss* von einem Mann erfunden worden sein.

UMTS – Schnellere Form des normalen Handyfunknetzes. Ob damit Telefonate zwischen Frauen auch schneller abgehandelt werden können, wird allerdings bezweifelt.

VoIP – Abkürzung für *Voice over IP,* was so viel heißt wie *Stimme über IP,* was so viel heißt wie *übers Internet telefonieren,* was so viel heißt wie *eigentlich ändert sich nix, außer dass ich statt Gesprächskosten Internetkosten habe.* Männer halten dies zwar für praktisch, Sie können jedoch getrost darauf verzichten.

W-LAN – Irgendwas mit Funk. Wird vom Smartphone benötigt, um mit anderen Geräten zu kommunizieren, wenn ihm mal langweilig ist.

KLEINER FÜHRER DURCH DIE WELT DER Science-Fiction-Filme

Science-Fiction-Filme sind für Frauen im Normalfall das, was für die Männerwelt die Zeitschrift *Brigitte* darstellt: Ein Buch mit sieben Siegeln. Man versteht beim besten Willen nicht, worum es überhaupt geht, geschweige denn, warum es überhaupt irgendjemanden interessieren könnte, worum es überhaupt geht. Dies wird Ihren Mann aber nicht davon abhalten, Sie ab jetzt – da Sie ja so viel Zeit haben – mit Werken des besagten Film-Genres zu beballern. Um Ihnen die Möglichkeit zu geben, wenigstens einen Teil der für Sie völlig konfusen Handlungsstränge nachzuvollziehen, folgt eine frauengerechte inhaltliche Aufarbeitung der bekanntesten Science-Fiction-Filme. Wir beginnen mit dem König des Genres.

STAR WARS: EPISODE IV

Schon der Name des Streifens ist kompliziert. Hieß er früher noch schlicht *Krieg der Sterne*, so nennt man ihn heute neudeutsch *Star Wars: Episode IV – Eine* *neue Hoffnung*. Der Titel täuscht. Denn es besteht wenig Hoffnung, dass Sie mit Betrachten dieses Filmes das Kapitel *Star Wars* abhaken können. Grund: Wo es eine Episode IV gibt, sind die Episoden III, II und I nicht weit. Und um es direkt zu sagen: Es gibt auch noch die Episoden V und VI. Wir fangen klein an und beginnen mit dem Film, der als Erster der sechs Teile der Saga veröffentlicht wurde: Teil vier.*

Der Inhalt ist schnell erzählt. Es gibt Böse, und es gibt Gute. Chef der Bösen ist *Darth Vader,* ein Mann

---

* Um es noch komplizierter zu machen, wurden die einzelnen Teile nämlich keineswegs in der Chronologie der Erzählung veröffentlicht, sondern man fing mitten in der Geschichte an, ging bis zum Ende und lieferte anschließend den Anfang nach.

undefinierbaren Alters, der offensichtlich ein großes Problem mit seinem Mundgeruch haben muss. Jedenfalls rennt er den ganzen Tag mit einer Atemschutzmaske durch die Gegend, die seine Stimme klingen lässt, als hätte er sein Leben lang 60 Roth-Händle geraucht. Pro Stunde. Eine ziemlich unattraktive Erscheinung also, die zu allem Überfluss auch noch einen lächerlichen Hang zum Gothic-Look aufweist. Chefin der Guten ist *Prinzessin Leia*. Eine Frau, die sich vor allem dadurch auszeichnet, die mit Abstand größten Dauerwellen des gesamten Universums ihr Eigen zu nennen und sich standhaft weigert, die Adresse ihres Friseurs rauszurücken. Um es vorwegzunehmen: Die beiden werden kein Paar.

Darth Vader entführt nun Prinzessin Leia auf seinen Todesstern, ein unfassbar riesiges Raumschiff, das aussieht wie ein Raffaello in Schwarz. Der Todestern ist mit viel nutzlosem Kram ausgestattet: Laserstrahlkanonen, Raumhäfen, Schutzschilde und anderem technischem Schnickschnack, weist aber seltsamerweise nicht eine Gästetoilette oder gar ein kleines italienisches Restaurant auf. Auch die Reinigungsfirma, die den ganzen Laden lupenrein sauber hält, bleibt unverständlicherweise im Dunkeln.

Jetzt bekommen die *Jedi-Ritter* Wind von der Entführung. Die Jedi-Ritter sind gut und kämpfen mit bunten Neonröhren gegen die Bösen. Außerdem scheinen sie sich gerne große Mengen Likörchen und Prosecco zu genehmigen, denn sie glauben, übernatürliche Kräfte zu entwickeln, wenn sie beispielsweise mit der

Hand rumwedeln und immer wieder denselben Satz wiederholen.

Die Jedi-Ritter wollen Leia aber nicht alleine befreien, sondern bestehen ausdrücklich auf die Hilfe von *Luke Skywalker,* einem unreifen Milchgesicht, das seinem Gehabe nach gerade die Pubertät hinter sich hat. Luke kann nix, außer treu-doof gucken. Warum die Jedi ausgerechnet die Hilfe dieses Muttersöhnchens in Anspruch nehmen und nicht die Hilfe eines gestandenen, gut aussehenden Mannes wie Sean Connery oder George Clooney, kann nur als dramaturgischer Kniff verstanden werden. Denn mit Männern solchen Kalibers würden die Jedi-Ritter Prinzessin Leia einfach ruck, zuck befreien, und die Geschichte wäre schnell zu Ende und böte am Schluss vielleicht sogar noch Platz für eine wirklich spannende Handlung wie die einer Traumhochzeit. Doch leider ist dem nicht so, und um es vorwegzunehmen: Auch Luke und Leia werden kein Paar. Mit von der Partie sind dann noch ein sympathischer goldener Roboter, der einen weiblichen Kern haben muss, weil er ununterbrochen reden kann, und ein beutelloser Bodenstaubsauger, der sich im Laufe der Geschichte ebenfalls als Roboter entpuppt und mit seiner süßen Zwitscherstimme extreme Muttergefühle weckt.

Als Luke sich mit seinen Mannen auf den Weg zum Todesstern machen will, fällt ihm gerade noch rechtzeitig auf, dass er kein Raumschiff hat. Da Luke noch nie etwas von öffentlichen Verkehrsmitteln gehört hat, sie als Mann auch niemals benutzen würde und zudem noch die Bösen plötzlich hinter ihm her sind, weil die Bösen nun mal in solchen Filmen gewohnheitsmäßig die Guten jagen, nimmt Luke ein Raumschifftaxi. Fahrer ist *Han Solo* – ein knuspriger Mitdreißiger und optisch der einzige Lichtblick im ganzen Film. Ein Leckerchen, das man nicht von der Bettkante stoßen würde, hätte Han Solo nicht ständig seinen flokatibehängten ungepflegt wirkenden Kumpel *Chewbacca* dabei. Wenn Sie Chewbacca das erste Mal sehen, werden Sie froh sein, dass es noch kein Geruchsfernsehen gibt. Auch Chewbacca und Leia werden kein Paar.

Gerade als man unterwegs ist, um sich auf dem Todesstern ordentlich mit den Bösen zu prügeln, fällt Luke plötzlich ein, dass er eigentlich null Ahnung hat, wie man sich vernünftig prügelt. Zum Zwecke der Nachhilfe in dieser Disziplin sucht er in einer Art Dschungelcamp *Yoda* auf. Yoda ist der Chef der Jedi-Ritter und kommt daher wie eine Mischung zwischen Marcel Reich-Ranicki und Kermit, der Frosch. Mit einem Unterschied: Ranicki und Kermit können sich einigermaßen verständlich ausdrücken. Yodas Sprachzentrum hingegen würfelt ständig Verben, Adjektive und Substantive durcheinander und lässt ihn Sätze zusammenpuzzeln, die Ihr Mann noch nicht mal mit vier Promille hinkriegt. Dafür kann Yoda Judo. Das wiederum konnte zumindest von Ranicki nicht behauptet werden. Aber wir schweifen ab. Jedenfalls erweist sich die Konversation zwischen Yoda und Luke als schwierig, und da Luke sowieso nicht so viel auf dem Schirm hat, dauert die Nachhilfe länger als angenommen.

Währenddessen prügeln die anderen sich auf dem Todesstern schon mit den Bösen, wobei viel zu Bruch geht, was aber niemanden zu interessieren scheint. Zumindest sieht man nie jemanden aufräumen. In der ganzen Unordnung kann Prinzessin Leia befreit werden, worauf Darth Vader eine ziemliche Krawatte bekommt und vor Wut noch mehr zu Klump haut. Keine Frage: Der Mann hat ein gewaltiges Problem, seine Aggressionen unter Kontrolle zu halten und wäre in einer Selbsthilfegruppe weitaus besser aufgehoben als in einem Todesstern.

Der Umstand, der Vader nach der Flucht Leias veranlasst, eine riesige phallusartige Laserkanone auszufahren, um mit ihr einen Planeten zu pulverisieren, deutet auf ein weiteres Problem des auch sogenannten Dunklen Lords hin: Penisneid. Der ist aber eigentlich unberechtigt, denn Vader hat schon zwei Kinder gezeugt, die wir in der Geschichte schon kennengelernt haben, deren Namen wir aber noch nicht erfahren dürfen, damit es einen Grund für die anderen Episoden gibt. Nur so viel sei verraten: Der eine hat ein Milchgesicht und die andere eine Dauerwelle.

Jetzt erscheint plötzlich wieder Luke auf dem Plan. Luke hat genug von Nachhilfe und will den gesamten Todesstern alleine in die Luft sprengen. Nach einer unglaublich langweiligen Knallerei, in deren Verlauf etliche Flugzeuge lärmend abstürzen (und das, obwohl doch jedes Kind weiß, dass es im Weltraum mangels Luft so still ist wie bei einem Herrenfriseur), kommt es nach einer gefühlten Ewigkeit endlich zum ersehnten Showdown, den wir hier der Kürze halber lautmalerisch beschreiben wollen: BUMM.

Der Todesstern platzt. Alle fallen sich glücklich in die Arme. Ende. Ziemlich unbefriedigend, denn wie bereits erwähnt, findet am Schluss noch nicht mal eine Hochzeit statt.

In der nächsten Folge: Terminator – oder warum ein Blechkasten mehr Gefühle äußern kann als der durchschnittliche deutsche Ehemann.

Dada für Frauen

LIEBESNACHT MIT DEM TRAUMMANN

AH AH AH AH AH AH AH AH AH
AH AH AH AH AH AH AH AH AH
AH AH AH AH AH AH AH AH AH
AH AH AH AH AH AH AH AH AH
AH AH AH AH AH AH AH AH AH
AH AH AH AH AH AH AH AH AH
AH AH AH AH AH AH AH AH AH
AH AH AH AH AH AH AH AH AH
AAAAA AAAAAAAAAAAAAAAH

LIEBESNACHT MIT DEM EHEMANN

-------------------ups-----------------
-------sorry---------------------------
schnarch-----------------------------
schnarch-----------------------------
schnarch-----------------------------

Wie gut kennen Sie Ihre Enkelin?

EIN TEST

Der Kontakt mit der Generation Ihrer Enkel ist Ihnen wichtig, und das zu Recht. Aber verstehen Sie überhaupt noch, was da vor sich geht unter den jungen Leuten? Testen Sie Ihr Basiswissen über die Welt der Jugendlichen.

Frage 1 Ihre Enkelin geht den Gehsteig entlang, ein kleines Kabel führt dabei aus ihrem Kragen zu ihrem Ohr. Plötzlich bleibt sie stehen und fängt an, hysterisch zu lachen. Was ist hier gerade passiert?

a Sie hat das Kabel bemerkt, das sich ihren Kopf entlang windet und amüsiert sich nun über den absurden Anblick, den sie bietet.

b Jemand hat ihr vor zwei Stunden einen Witz erzählt, und jetzt hat sie ihn endlich verstanden. Wieso musste Ihre Tochter auch ausgerechnet mit dem geistig zurückgebliebenen Trottel, der jetzt Ihr Schwiegersohn ist, ein Kind zeugen?

c Sie hört ein humorvolles Hörbuch auf einem Ding, das sie i-pod nennt, und ist gerade an einer besonders lustigen Stelle angelangt.

Frage 2 Ihre Enkelin ist allein in ihrem Zimmer. Doch als Sie vorbeigehen, hören Sie eine männliche Stimme. Was, denken Sie, ist passiert?

a Meine Enkelin plant eine Karriere als Schauspielerin und hat soeben die perfekte Imitation einer männlichen Stimme eingeübt, um die Rolle des „Faust" spielen zu können! Meine Enkelin ist wirklich unglaublich weit für ihr Alter.

b Meine Enkelin hält ganz allein eine Séance ab, dabei ist es ihr gelungen, den Geist ihres verstorbenen Ururgroßvaters zu beschwören, der sich nun manifestiert hat. Meine Enkelin ist wirklich unglaublich weit für ihr Alter.

c Meine Enkelin sitzt an ihrem PC und führt am Bildschirm eine Unterhaltung – mit einem jungen Mann, den sie erst vor wenigen Minuten in einem obskuren

Chatkanal kennengelernt hat, und der sie nun davon überzeugen will, sich vor der Kamera auszuziehen. Meine Enkelin ist wirklich unglaublich weit für ihr Alter.

Frage 3 **Ihre Enkelin sitzt neben Ihnen im Bus und tippt auf ihrem Smartphone eine Nachricht an eine andere Person. Sie bemerken, dass sie gerade die Buchstaben „HDL!!!“ eingetippt hat. Was, denken Sie, will sie wem damit sagen?**

a HDL ist eine neue Drogeriemarktkette, und meine Enkelin empfiehlt einer Freundin mit Nachdruck, sich dort Pflegeprodukte zu besorgen. Was für ein hilfsbereites Mädchen!

b HDL ist ein neues hochauflösendes Bildformat, und meine Enkelin fordert ihre Freundin mit Nachdruck auf, ihr Smartphone darauf umzustellen. Was für ein technisch begabtes Mädchen!

c HDL ist die Abkürzung für „Hab dich lieb“ – der junge Mann aus dem Chatkanal hatte Erfolg, und meine Enkelin hat sich in ihn verliebt. Was für ein selten dämliches Mädchen!

Frage 4 Ihre Enkelin sitzt im Café neben Ihnen und tippt auf ihrem Smartphone herum. Plötzlich fängt sie an, hysterisch loszuheulen. Was ist gerade passiert?

a Vom vielen Herumtippen hat Ihre Enkelin einen Krampf im Daumen bekommen. Das tut schrecklich weh.

b Sie hatten den Eindruck, Ihre Enkelin habe Ihren melancholischen Kindheits-erinnerungen bestenfalls mit einem Ohr gelauscht, weil sie wie üblich von ihrem Smartphone zu sehr abgelenkt war. Doch weit gefehlt – das Mädchen ist tief bewegt und offenbar zu echtem Mitgefühl fähig.

c Ihre Enkelin und ihre Freundin haben vor einigen Minuten gleichzeitig Fotos von sich auf „Facebook" veröffentlicht. Ihre Enkelin hat seitdem drei „Daumen hoch"-Reaktionen bekommen, die Freundin aber schon acht. Mit anderen Worten: Ihre Enkelin ist soeben ins soziale Nichts gestürzt und gesellschaftlich ruiniert.*

AUSWERTUNG:

Die richtigen Antworten: jeweils c.

0 Punkte: **Sie kommen wirklich aus einer anderen Zeit. Eigentlich können Sie immer noch nicht glauben, dass Telefone ohne Schnur**

---

* Hier bietet sich übrigens eine ganz altmodische Möglichkeit, Trost zu spenden, so wie es schon Generationen von Großeltern vor Ihnen getan haben: ein kleines Geschenk. Investieren Sie nur eine komplette Monatsrente und spendieren Sie damit Ihrem Enkelkind ein iPhone 5s. Sie wird Sie dafür ewig „liken".

funktionieren – zumal, wenn sie nicht aus Bakelit sind. Sie verwenden Worte wie *Schwerenöter, Kaltmamsell, nichtsdestotrotz* und *Ach herrjemine*. Unser Tipp: Vermeiden Sie den Kontakt mit Jugendlichen, und suchen Sie stattdessen nach Gleichaltrigen – am besten, indem Sie gleich eine Brieftaube auf den Weg schicken.

1–3 Punkte: Sehr gut, Sie sind nicht aus der Welt, aber biedern sich auch nicht bei Ihren Enkelkindern an. Kaufen Sie sich trotzdem ein Smartphone. Tippen Sie selbstvergessen und wie in Trance darauf herum – sobald die Kleinen Sie das nächste Mal anpumpen wollen. Warum sollen Sie nicht auch mal ein wenig Spaß haben?

4 Punkte: Sie sind wirklich jung geblieben. Ihre Gedanken kreisen nicht darum, welche Strickjacke Sie zu Ihrem Kaffeekränzchen tragen, sondern welches Tattoo zu Ihrem Bauchnabel-Piercing passt. Andere Senioren fühlen sich oft von Ihnen überfahren – kein Wunder, wenn Sie mit dem Skateboard so wild durch die Gegend brettern. xoxo.

Hänsel und Gretel – Ausgesetzt im Altenheim

In einem Eigenheim in einer Vorortsiedlung, das sie getreulich über Jahrzehnte abbezahlt hatten, wohnten Hans und Grete zusammen mit ihrem Sohn und der Schwiegertochter, denen sie die Einliegerwohnung im Obergeschoss überlassen hatten.

Es kam aber nun eine große Teuerung ins Land, und der Sohn wälzte sich im Bett und jammerte: „Frau, wie sollen wir uns einen neuen 7er BMW leisten und den Urlaub auf den Seychellen, von meinem kargen Gehalt als Sparkassenangestellter?“ Da antwortete die Frau: „Die Immobilienpreise sind hoch. Wir wollen Hans und Grete morgen hinausführen in ein billiges Seniorenheim im tiefen Wald. So dement wie sie sind, werden sie sich sich leicht dahin abschieben lassen. Und du wirst sehen, Mann, dort werden die beiden ruhig gestellt und fangen sich einen Keim und sterben bald. Wir aber können das Haus verkaufen und leben glücklich bis an unser Ende.“

Hans und Grete aber, die an seniler Bettflucht litten, hatten heimlich mitgehört. Grete weinte bittere Tränen, aber Hans sagte: „Ich will uns schon helfen." Und er schnitt sich einen Artikel aus der Tageszeitung aus, in dem die Zustände im Seniorenheim im tiefen Wald angeprangert wurden, wo die alten Menschen vernachlässigt und misshandelt wurden.

Und am nächsten Morgen sprachen der Sohn und die Schwiegertochter zu Hans und Grete: „Wir wollen gemeinsam in den tiefen Wald fahren in ein Seniorenheim. Nur mal anschauen, ganz unverbindlich." Während sie aber fuhren, las Hans immer wieder den Artikel, damit er sich immer daran erinnern konnte, dass er auf keinen Fall in diesem Seniorenheim bleiben wollte.

Als sie ankamen, trafen sie die Heimleiterin, eine rundliche Frau mit vergnügt zwinkernden Äuglein. Diese sprach: „Ei, ihr lieben Alten, wer hat euch hierher gebracht? Kommt nur herein und bleibt bei mir, es geschieht euch kein Leid." Und alsbald führte sie die vier durch die geräumigen Zimmer mit eigenem Balkon und auf Kieswegen durch den weitläufigen Park. Die Schwiegertochter und der Sohn sprachen: „Hans, Grete, wir haben Papiere dabei, wenn ihr die unterschreibt, könnt Ihr an diesem wunderschönen Ort bleiben." Hans war gewappnet und wollte ablehnen – doch seine Schwiegertochter war schlauer. Sie führte Hans und Grete in den Speisesaal, wo gerade Kaffee und Kuchen verteilt wurden, denn heute gab es Schwarzwälder Kirschtorte. Die Schwiegertochter wusste, dass Hans und Grete Schwarzwälder Kirschtorte nicht widerstehen konnten. „Da wollen wir uns daran machen und eine gesegnete Mahlzeit halten“, frohlockte Hans, und so unterschrieben die beiden achtlos die Papiere, und Sohn und Schwiegertochter fuhren eilig von dannen, weil sie noch einen Termin bei ihrem BMW-Vertragshändler hatten. Hans und Grete aber blieben zurück im Altenheim.

Die rundliche, vergnügte Heimleiterin hatte sich nur so freundlich angestellt, sie war aber eine böse Hexe. Natürlich wurden Hans und Grete nicht in den geräumigen Zimmern untergebracht, sondern auf einer Pflegestation, denn als Pflegefälle brachten sie mehr Gewinn ein. Und alsbald ließ die Heimleiterin Hans einsperren – in seinem Bett, vor dem ein Bettgitter angebracht wurde. Dort mästete sie ihn jeden Abend mit Seroquel, Melperon, Dipiperol, Paracefan, Risperdal, Diazepam und Haldol, auf dass sie bald die profitable Pflegestufe 3 für ihn beantragen könne. Hans mochte schreien, wie er wollte, es half nichts, außer dass ihm nun auch noch eine Drei-Punkt-Fixierung angelegt wurde. Ach, wie jammerte da die arme Grete, und wie flossen ihr die Tränen die Wange hinunter. Ihr selbst hatte die Heimleiterin ein kaum weniger schlimmes Schicksal zugedacht, denn sie musste jeden Tag zur Beschäftigungstherapiegruppe und alberne Figürchen aus Knetmasse herstellen. Da sann Grete auf Abhilfe, und als die Infusion an Hans’ Bettstatt wieder gewechselt worden war, rief sie: „Die Flüssigkeit läuft nicht mehr, oh, sie läuft nicht mehr hinein!“ Die böse Heimleiterin eilte herbei und rief: „Das ist gar nicht möglich, dumme Gans, der Zugang ist doch groß genug!" Und als sie nachschauen sollte, rammte ihr Grete die Infusionsnadel, die sie zuvor abgezogen hatte, in die Vene. Hu! Da fing die Heimleiterin an zu heulen, ganz grauselich, sie sackte zusammen und wurde zu einem sabbernden Zombie, und alsbald wurde für sie die Pflegestufe 3 beantragt.

Hans und Grete aber zogen zurück in ihr Haus. Die Frau hatte den neuen 7er BMW vor den Baum gesetzt und war gestorben, und so war der Sohn allein daheim. Sie warfen den Parasiten hinaus, und von da an hatten alle Sorgen ein Ende, und sie lebten in lauter Freude zusammen, und manchmal, wenn sie schlecht drauf waren, warfen sie eine der kleinen orangen Pillen ein, die Grete aus dem Medikamentenschrank im Altenheim hatte mitgehen lassen. Hei, wie lachten sie dann und sprangen herum!

Letzte Worte

BERÜHMTER FRAUEN

Geht das nicht auch ohne Trockenhaube? Mein Haar ist so wärmeempfindlich.

ETHEL ROSENBERG, die wegen Spionage auf dem elektrischen Stuhl starb, kurz bevor der Henker ihr die Haube mit den Kopfelektroden aufsetzte.

Sagt meinem Mann, ich hab ihn immer durchschaut.

BERTHA RÖNTGEN, Ehefrau von Konrad Röntgen, dem Entdecker der nach ihm benannten Röntgenstrahlen auf dem Sterbebett.

Ihr könnt mich gerne mit Holzwolle ausstopfen, aber näht mir bitte keinen Knopf ans Ohr!

MARGARETE STEIFF auf dem Sterbebett.

Kann man nicht eine Wurst nach mir benennen?

MARIE CURIE, Nobelpreisträgerin für Chemie und Physik.

Meine nächste Sonnenbrille bekommt nicht mehr ganz so dunkle Gläser.

SÄNGERIN ALEXANDRA, kurz bevor sie ein Vorfahrtsschild übersah und ein LKW in die Seite ihres Autos krachte.

Geil! Mit meiner neuen Sonnenbrille seh' ich aus wie Alexandra!

FÜRSTIN GRACIA PATRICIA VON MONACO, kurz bevor sie mit ihrem Wagen von der Straße abkam und einen 40 Meter tiefen Abhang hinunterstürzte.

Meine Lieben, bevor ich mich auf meinen Weg zu unserem Schöpfer begebe, möchte ich euch mit meinem letzten Atemzug noch eine mir sehr, sehr wichtige Bitte ans Herz legen: Hollaridudidödeli Diri Diri Dumm!

MARIA HELLWIGS letzte Worte, die bei den Anwesenden für einige Verwirrung sorgte.

Mein Gewissen ist nicht nur sauber, sondern rein!

SCHAUSPIELERIN JOHANNA KÖNIG, besser bekannt als Ariel-Werbefigur Klementine bei der letzten Beichte.

KURZKRIMI zum Mitraten

So etwas hatte Kommissar Jeff Carter noch nicht gesehen. Das Opfer saß am Küchentisch, tot, mit Brokkoli-Strünken in den Ohren. Carter sah seinen Assistenten Bill Smith fragend an. Bill schaute in seinen Notizblock: „Das Opfer heißt Thomas Watson, 67 Jahre alt. Seine 63-jährige Frau Emily hat ihn gegen 12 Uhr 30 gefunden, nachdem sie von einem Wochenendbesuch bei ihrer besten Freundin Margret nach Hause kam."

Carter schüttelte den Kopf: „Keine schöne Vorstellung, den eigenen Mann so vorzufinden. Gibt es schon etwas über die Todesursache?"

Bill schaute in seinen Notizblock: „So wie es aussieht, ist das Opfer an Brokkoli in den Ohren gestorben."

Carter seufzte: „Wie kann jemand an Brokkoli in den Ohren sterben?"

Bill schaute in seinen Notizblock: „Frank Hornes von der Gerichtsmedizin sagt, der Brokkoli sei mit großer Kraft so tief ins Ohr eingeführt worden, dass es zu einer Blutung kam. Die Folge war ein Gehirnschlag."

Carter pfiff durch die Zähne. „Todeszeitpunkt?"

Bill schaute in seinen Notizblock: „Wahrscheinlich erst heute morgen. Eher noch später. Der Brokkoli

sieht noch frisch aus. Wäre das Opfer gestern gestorben, wäre er schon gelb."

Carter mochte über seinen jungen Kollegen denken, was er wollte, aber clever war er schon. Aus ihm würde bestimmt mal ein guter Bulle werden.

„War noch jemand im Haus?" Bill schaute in seinen Notizblock: „Die Kinder Walter, John und William haben eine Wohnung im ersten Stock. Außerdem war der vorbestrafte Gärtner Luigi da, um den Rhododendron zu schneiden. Soll ich sie zum Verhör holen?"

Carter dachte einen Moment nach. „Nicht nötig, ich kenne bereits den Täter. Oder besser gesagt: die Täterin! Verhaften Sie Emily Watson!"

Bill zuckte zusammen: „Das kann nicht sein, eine so schmächtige Person hat überhaupt nicht die Kraft, Brokkoli so tief in die Ohren zu stecken, dass es blutet. Sie kann nicht die Mörderin sein!“

Carter lächelte: „Sie haben recht. Sie ist auch keine Mörderin. Trotzdem hat sie Mr. Watsons Tod verursacht!“

Wie konnte Carter wissen, dass Emily Watson für den Tod ihres Gatten verantwortlich ist?

LÖSUNG

Emily hatte angegeben, vom Wochenendbesuch bei ihrer Freundin heimzukehren. Das entsprach auch der Wahrheit. Carter wusste, dass eine Frau, die vom Besuch der besten Freundin nach Hause kommt, so viel zu erzählen hat, dass ein normaler Mann dies nicht lange aushalten kann. So kam es, dass Thomas Watson sich den Brokkoli verzweifelt selbst in die Ohren stopfte, um wenigstens ein bisschen Ruhe zu haben – mit tödlichen Folgen.

Die passende MUSIK

Ruhestand wäre eine prima Angelegenheit, ginge er nicht unmittelbar mit dem Umstand des Älterwerdens einher. Das ist besonders für Frauen fatal, und es gibt bereits ernsthafte Überlegungen, den Ruhestand entgegen der üblichen Gepflogenheit an den Anfang des Lebens zu setzen. Leider erweist sich die praktische Umsetzung dieses Vorhabens bisher als ausgesprochen schwierig.* Und solange dies so bleibt, muss sich die

---

* Allein die Diskussion um die Frage, ob eine 94-jährige vollzeitbeschäftigte Krankenschwester in der U-Bahn den Platz für eine 25-jährige Ruheständlerin räumen muss, kam bis heute noch nicht zu einem zufriedenstellenden Ergebnis.

Ruheständlerin mit dem Älterwerden abfinden. Punkt. Dazu gehört auch, den eigenen Musikgeschmack dem Alter anzupassen. Als 60-Jährige auf Musik von Justin Bieber rumzuzappeln ist einfach nicht mehr stimmig. Deshalb folgen nun einige Vorschläge für eine passendere musikalische Begleitung des nun vor Ihnen liegenden Lebensabschnitts.

DIE TOP-10-HITS FÜR DEN RUHESTAND

1 *Schüttel deinen Speck* – von Peter Fox. Für die reife Dame, die der Faltenbildung mittels Fettleibigkeit zu Leibe rückt.

2 *Deine Ohren hängen schwer* – von Wolfgang Hering. Für die reife Dame, die oben beschriebenes Stadium bereits hinter sich hat und nun an bestimmten Körperstellen einiges an überflüssiger Haut mit sich herumträgt.

3 *Fade to Grey* – von Visage. Wenn selbst Kunstharzlack nicht mehr imstande ist, dem grauen Gestrüpp auf Ihrem Kopf so etwas wie eine Haarfarbe zu verleihen, ist es Zeit sich diesen Song zu Gehör zu bringen.

4 *Verwelkt* – von Yvonne Catterfeld. Fasst in einem Song zusammen, was gerade mit Ihrem Körper passiert. Sozusagen ein Potpourri der Vergänglichkeit. Zeitlos aktuell.

5 *Immer wieder sonntags kommt die Erinnerung* – von Cindy & Bert. Stimmungsvolle und fröhliche musikalische Interpretation der beginnenden Altersdemenz. Vorteil bei fortschreitendem Krankheitsbild: Der Song wird nie langweilig. Wenn Ihnen keine Antwort auf die Frage einfällt, warum dem so ist, beziehungsweise keine Antwort mehr auf irgendeine Frage einfällt, eignet sich auch:

6 *Don't Ask Me Why* – von Elvis Presley, oder bei völligem Gedächtnisverlust:

7 *Das Land des Lächelns* – Operette von Franz Lehár.

8 *Wind of Change* – von den Scorpions. Wunderbar bei altersbedingten, unkontrollierten Flatulenzen. (Es gibt Damen, die können die Hookline des Hits mitpfeifen. Zweistimmig!) Eine Musik, die nicht nur ans Herz geht! Hoher Romantikfaktor!

9 *Lady in Black* – von den Rolling Stones. Wenn die Einschläge näher kommen und Sie mehr Kaffee auf Beerdigungen zu sich nehmen, als in ihrer eigenen Küche, stimmt dieser Song Sie einfühlsam auf die Modefarbe Ihrer Alltagskleidung ein.

10 *Zeit, dass sich was dreht* – von Herbert Grönemeyer. DER Song schlechthin für die Dekubitus-Prophylaxe. Die Wartezeit auf den Pfleger, der einen wendet, vergeht damit wie im Flug.

Dialog mit dem Unterbewusstsein

Einige von Ihnen kennen das vielleicht: Sie fühlen sich gerade etwas einsam und überlegen, einen Mann, mit dem Sie vor ein paar Jahren mal was hatten, anzurufen. Natürlich nur, um zu fragen, wie es ihm geht. Sie haben gerade den Hörer in der Hand, als sich eine Stimme meldet. Allerdings nicht im Hörer, sondern in Ihrem Kopf.

Stimme: *Lass es!*

Sie: *Wer bist du?*

Stimme: *Dein Unterbewusstsein.*

Sie: *Mir war nicht bewusst, dass ein Unterbewusstsein sich bewusst zu Wort melden kann. Denn dann hieße das Unterbewusstsein ja Bewusstsein und nicht …*

Stimme: *Jaha! Ich weiß! Es ist etwas ungewöhnlich, dass ich mich direkt bei dir melde, aber die Situation macht es erforderlich, und vielleicht können wir heute mal 'ne Ausnahme machen. Deal?*

Sie: *Und was krieg ich dafür?*

Stimme: *Na, du erfährst was über dein Unterbewusstsein. Ist das vielleicht nix?*

Sie: *Okay. Deal.*

Stimme: *Also nochmal. Ich finde, du solltest den Typen nicht anrufen. Du solltest stattdessen lieber ein riesiges Stück Sahnetorte essen. Hmmm ... wie lecker!*

Sie: *Ich hab aber gar keinen Hunger.*

Stimme: *Seit wann steht das Nichtvorhandensein von Hunger dem Verzehr von Sahnetorte im Weg? Mann, ich bin dein Unterbewusstsein und dem widersetzt man sich nicht einfach so!*

Sie: *Moment mal! Im Augenblick bist du alles andere als unterbewusst. Schließlich rede ich mit dir, und das ist ein bewusster Akt!*

Stimme: *Meine Fresse! Wenn ich als Unterbewusstsein genauso penibel wäre wie du, wäre die Menschheit mangels Triebsteuerung schon längst ausgestorben!*

Sie: *Wo wir gerade bei Triebe sind ... Warst du das, der mir vor 40 Jahren abgeraten hat, diesen Traumboy anzubaggern, der heute Millionär ist und den dann später meine beste Freundin abbekommen hat, um mit ihm ein sorgenfreies Leben mit viel Sex und schönen dicken Klunkern zu verbringen?*

Stimme: *Kann ich die Aussage verweigern?*

Sie: *Du* musst *Stellung beziehen. Du bist das Unterbewusstsein.*

Stimme: *Okay ... okay ... ich geb's zu. Ich hab das damals versemmelt. Aber auch ein Unterbewusstsein kann sich ja mal irren.*

Sie: *Na toll! Ich hätte so ein schönes Leben führen können. Mann, war der Kerl geil ... (Sie seufzen)*

Stimme: *Stück Kuchen?*

Sie: *Okay ich nehm' eins. (Sie essen Kuchen.) Kann ich denn nachher noch telefonieren?*

Stimme: *Sag mal, red' ich russisch? Hörst du nicht zu, was dein Unterbewusstsein dir zu sagen hat? Welchen Teil von „Lass es" hast du nicht verstanden? Ich sagte: „Vergiss den Typen!"*

Sie: *Aber warum?*

Stimme: *Aber warum? Weil ich sonst wieder jede Menge Stress bekomme! Ist doch immer die alte Leier. Du fühlst dich einsam, rufst irgendeinen alten Bekannten an, landest mit ihm in der Kiste, er lässt dich sitzen, und ich hab dann anschließend die anstrengende Aufgabe, dich mit unzähligen Verdrängungsmechanismen wieder aufzubauen. Meinst du, das macht Spaß? Ich werd' doch auch nicht jünger! Und hat ein Unterbewusstsein nicht auch Anspruch darauf, irgendwann mal in den Ruhestand zu gehen?*

Sie: *Also bitte! Womit baust* du *mich denn wieder auf?*

Stimme: *Mit Kuchen essen.*

Sie: *Wie originell!*

Stimme: Und *mit Putzfimmel, dem endlosen Studium langweiliger Versandhauskataloge, dem noch langweiligeren Kurztrip in ein Wellnesshotel – um mal zu sich zu kommen – und den damit verbundenen Heulattacken, wenn dir auf dem Hotelflur wieder mal eine Frau entgegenkommt, die schlanker ist als du, in direkter Folge dann die Wiederaufnahme deiner morgendlichen Joggingrunde, die du aber mit heraushängender Lunge nach der Hälfte abbrichst, was dein Unterbewusstsein veranlasst, zum letzten Mittel zu greifen: Prosecco. Soll ich weitermachen?*

Sie: Nö.

Stimme: *Verstehst du, das wird mir einfach langsam zu viel, und da setz ich lieber direkt auf Kuchen, und wir sparen uns den stressigen Mittelteil. Du wirst ja auch nicht jünger. Lust auf Kuchen?*

Sie: *Was lässt dich eigentlich so sicher sein, dass die Folgen meines Telefonats so nach hinten losgehen?*

Stimme: *Hab ich im Gespür. Glaub mir. Ich irre mich nie!*

Sie: *Ach! Und was war das vor 40 Jahren? Die Nummer mit dem Traumboy?*

Stimme: *Ich habe eben dazugelernt. Glaub mir. So ein Fauxpas wie mit deinem Traumboy damals würde mir heute garantiert nicht mehr passieren.*

Sie: *Und was macht dich da so sicher?*

Stimme: *In deinem Alter wirst du keinen Traumboy mehr kennenlernen.*

Sie: *(seufz)*

Stimme: *Kuchen?*

Sie: *Aber mit extra Sahne.*

Stimme: *Na also. Geht doch.*

Wussten Sie schon?

WISSENSWERTES AUS WISSENSCHAFT & TECHNIK

PARADOX: 25 Prozent der über 70 Jahre alten Frauen sind jünger als 40 Prozent der Frauen, die über 65 sind. Trotzdem sind die restlichen 75 Prozent der über 70-Jährigen nicht zwingend älter als die verbleibenden 60 Prozent der über 65-Jährigen.

UNGERECHT: Eine Frau, die sich ein Jahr mit 10-prozentiger Lichtgeschwindigkeit durch den Weltraum bewegt und dann wieder auf der Erde landet, darf erst 20 Jahre später in den Ruhestand als ihre auf der Erde verbliebenen Kolleginnen.

TIPP: Bei Übergewicht und Fettpölsterchen kann es Ihr Selbstwertgefühl enorm stärken, wenn Sie sich auf dem Gipfel des Mount Everest wiegen. Grund: Dort oben ist man 0,3 Prozent leichter als auf dem flachen Land. Reicht dies nicht, fliegen Sie einfach mit einer Waage auf den Mond. Denn dort wiegen Sie sogar nur

ein Siebtel! Ein auf dem Mond geknipstes, aussagekräftiges Foto Ihres angezeigten Gewichtes wird Ihre Freundinnen vor Neid erblassen lassen!

PRAKTISCH: Wenn man durch ein Wurmloch zum Supermarkt fährt, ist man vom Einkaufen zurück, noch ehe man losgefahren ist.

PRAKTISCH II: Falls Sie große Probleme mit der Orientierung im Straßenverkehr haben: Starten Sie Ihre nächste Fahrt einfach vom Nordpol aus. Hier ist es unmöglich, eine andere Richtung einzuschlagen, als die in Richtung Süden. Sich zu verfahren ist damit praktisch ausgeschlossen!

Blick in die Zukunft

EINE REPORTAGE AUS DEM JAHR 2100

Es gab lecker Kaffee, Kuchen, Red Bull und einen Breakdance-Marathon: Lea Wurlitzer (Name geändert) hat es an ihrem 112. Geburtstag mal wieder geschafft, alle ihre Freundinnen zufriedenzustellen. Beim Wettbewerb im Rodeo-Reiten hatte selbst Mia, das 103-jährige Nesthäkchen der lustigen Clique seinen Spaß. Doch beim Parabelflug in einer Boeing 2727* durch die obere Erdatmosphäre in simulierter Schwerelosigkeit schwächelten die ersten Geburtstagsgäste – so lehnte Hannah, 135 Jahre alt und damit Seniorin der Gruppe, den Mokka ab, der ihr an Bord gereicht werden sollte.

„Ja", nickt Lea, „man wird nicht jünger. Ich merk es jetzt auch manchmal." Damit deutet sie auf ihre Augenwinkel, auf denen einer ihrer Dermatologen letzten Monat ein erstes Fältchen entdeckt hat. Lea lächelt melancholisch. „Was kommt als nächstes? Orangenhaut?

---

* Wird im Volksmund immer noch „Jumbo-Jet" genannt, nach einem lange ausgestorbenen Rüsseltier.

Krähenfüße?“ Leas Freundinnen lachen, aber Lea weiß, wovon sie spricht. Sie deutet auf eine der greisenhaft aussehenden Frauen, die mit zitternden Händen den Tisch abdecken.

„Meine Tochter. Armes Ding, hat die Frischzellenkuren immer abgelehnt. Sie plagt sich jetzt rum mit ... Arthritis und ... wie heißen die Dinger doch gleich? Ach ja: graue Haare!“

Die Freundinnen bewundern die Hilfsbereitschaft von Leas Tochter, ihre ungleich fittere Mutter bei der Durchführung ihrer Geburtstagsparty zu unterstützen.

„Unterstützen? Quatsch, die arbeitet hier.“

Lea erläutert, dass ihre Tochter nicht nur die Nachteile mangelnder Zellauffrischung unterschätzt hat – sie ist auch noch Opfer eines weiteren Irrglaubens geworden: der gesetzlichen Rentenversicherung. Dies hat zu finanziellen Problemen geführt, zumal sie zusätzlich einem kriminellem Kettenbrief-System aufgesessen ist, das vor einigen Jahrzehnten unter dem Begriff „Riester-Rente“ berüchtigt war.

Lea erinnert sich: Mitte des 21. Jahrhunderts wurde die gesetzliche Rente individualisiert – da jeder Beitragszahler nun eh einen Rentner versorgte, konnte man die Leute auch gleich einander vorstellen. War ja auch viel persönlicher. Als gegen 2070 dann jeder Zahler zwei Rentner versorgen musste, begannen die Alten Jobs anzunehmen, um ihre Versorger zu unterstützen, damit die ihre Zahlungen überhaupt leisten konnten. Der Einfachheit halber war man dann bald dazu übergegangen, dass die Rentner die Einnahmen aus ihren

Jobs selbst behielten – schließlich handelte es sich dabei um ihre Rente.

Lea hatte besser vorgesorgt, mit der – wie Recherchen der Universität München ergeben haben – einzig verantwortungsvollen und vorausschauenden Methode: einen Millionär heiraten.

Da wird Lea in ihren Erinnerungen von einem Tumult unterbrochen, als ein etwa achtjähriges Kind von einer Gruppe von Betreuern und Bodyguards abgeschirmt, zur Schule geführt wird. Leas Freundinnen kreischen. Was für ein Geburtstag – erst die Schwerelosigkeit und jetzt auch noch ein echtes Kind. Lea ergattert ein Autogramm von dem Kleinen, aber ihre Gefühle sind trotzdem widersprüchlich. Einerseits, so erläutert sie, ist ein Kind ein zukünftiger Beitragszahler. Andererseits will natürlich niemand eines bekommen.

Damit hat sie recht: die Kosten für das Großziehen von Kindern sind mit der Zeit immer unerschwinglicher geworden – der Unterricht in fünf Weltsprachen ab dem vierten Lebensjahr, dazu in Nationalökonomie, Bühnengesang und Jura, erforderte immer qualifizierte Privaterzieher. Hinzu kommt, dass inzwischen bei jedem Kind schon vor der Einschulung durchschnittlich 15 psychische Krankheiten diagnostiziert werden. Mit den Kosten für die Medikamente könnte man jeden Monat einen Mittelklasse-Wagen anschaffen. So sind die Städte gezwungen, die Kindererziehung zu tragen – aber damit übernehmen sie sich. Nur in Köln wird heute noch fast monatlich ein Kind geboren – die Rheinländer sind ja bekannt für eine gewisse

Hemmungs- und Verantwortungslosigkeit. Dabei sollten sie es besser wissen: Erst letzten Monat hat die Slowakei nach der Geburt von Fünflingen in Bratislava Staatsbankrott angemeldet.

Lea freut sich, dass sie Sex heute ohne derartige Sorgen genießen kann. Wobei auch hier das Alter seinen Tribut fordert: Leas Mann, der 119-jährige Kevin, hat gestern Nacht schon nach dem vierten Mal die Segel gestrichen. Kevin war am Boden zerstört über diese Peinlichkeit, aber Lea hat ihn getröstet: „Viermal ist ja auch schon was."

Genau das ist es, weshalb unsere Senioren uns ein Vorbild sein sollten: Egal, was für furchtbare Zumutungen und Härten ihnen das Leben aufbürdet* – sie beschweren sich nicht. Eine tolle Generation.

* Wobei es natürlich streng genommen in diesem Fall nicht um eine Härte geht, sondern um das Gegenteil davon. So spielt das Leben.

DIE AUTOREN

Die Autoren dieses Bandes sind international renommierte Kenner des Wesens der Frauen. So führten sie bereits Anfang der neunziger Jahre zahlreiche Tiefeninterviews mit Männern, die Feldforschung betrieben und zu diesem Zweck über Jahre hinweg intensive Kontakte mit Frauen aufgebaut hatten. Ebenso arbeiteten sie sich durch das Gesamtwerk von Simone de Beauvoir und die Ausgaben der Brigitte, *Jahrgang 1988-89 sowie 1995-97. Unablässig angetrieben von der intellektuellen Neugier auf weitere Erkenntnisse, wagten sie sich in den folgenden Jahren weiter vor und studierten zahlreiche Folgen der TV-Serien „Marienhof", „Sex and the City" und „Mona Lisa".*

Einen wissenschaftlichen Durchbruch im Bereich der Erforschung des Femininen erzielten sie dann schließlich im Jahr 2005, als sie beim Anschauen der DVDs der Filme „Titanic" und „Grüne Tomaten" nacheinander in Tränen ausbrachen und so die weibliche Seite in sich entdeckten. 2008 verließen die Autoren ihren wissenschaftlichen Elfenbeinturm und schrieben einen offenen Brief an den

Sänger Herbert Grönemeyer, in dem sie diesen ultimativ aufforderten, nach seinem Hit „Männer" endlich den lange überfälligen Folgetitel „Frauen" zu komponieren. Nur die Tatsache, dass niemand den Brief abdruckte, verhinderte einen bundesweiten Skandal.

In den letzten Jahren wendeten sich die Autoren der praktischen Anwendung ihrer Forschungsergebnisse zu und verfassten unter anderem die populärwissenschaftlichen Bestseller „Schlecht einparken leicht gemacht" (2010) und „Zusammen zum Klo gehen für Anfänger – Ein Leitfaden" (2012).

Im Moment bereiten die Autoren sich in einem intensiven Training darauf vor, in einem aufsehenerregenden soziologisch-ethnologischen Experiment ihre Studien abzuschließen und tatsächlich mit einer Frau in persönlichen Kontakt zu treten. Die wissenschaftliche Welt wartet mit Spannung auf die zweifellos spektakulären Erkenntnisse, die dieses Vorhaben für das Verständnis der Frauen erbringen wird.

DAS BÖSE BUCH FÜR LEHRER
LAPPAN

DAS BÖSE BUCH FÜR ÄRZTE
LAPPAN

DAS BÖSE BUCH FÜRS BÜRO
LAPPAN

DAS BÖSE BUCH FÜR JURISTEN
LAPPAN

TEXTE

PETER GITZINGER, LINUS HÖKE und ROGER SCHMELZER sind seit vielen Jahren als Autoren für zahlreiche Comedyshows im deutschen Fernsehen tätig. Neben Drehbüchern verfassen sie Theaterstücke und arbeiten für etablierte Kabarettbühnen wie *Die Stachelschweine* und *Die Distel* in Berlin. Linus Höke ist zudem der Verfasser des Bestsellers *Shades of hä?*. Alle drei Autoren leben in und um Köln herum.

ILLUSTRATIONEN

CHARLOTTE WAGNER studierte Grafikdesign mit den Schwerpunkten Illustration und Siebdruck in Dortmund und Bergen (Norwegen). Mit ihren heiteren und farbenfrohen Zeichnungen illustriert sie Bücher, Kolumnen und Spiele für verschiedene Verlage, bei Lappan erschien zuletzt *Babys für Einsteiger*. www.wagner-illustration.de

Das für dieses Buch verwendete Papier aus geprüfter nachhaltiger Forstwirtschaft lieferte Salzer Papier, St. Pölten.

ISBN 978-3-8303-4313-4

Lektorat: Carolin Stanneck | Hans Borghorst

Herstellung | Gestaltung: Monika Swirski

Druck und Bindung: Druckerei Theiss GmbH

Printed in Austria

www.lappan.de